Mit heiterer Gelassenheit vertreibt die große italienische Autorin Natalia Ginzburg alte Untugenden: Nicht lügen und nicht zulassen, daß andere lügen. Oder: sich nicht von den kleinen Ängsten des Alltags beirren zu lassen. Und sie erklärt, warum wir die großen Tugenden wie Großzügigkeit den kleinen Tugenden wie Sparsamkeit vorziehen sollten – denn »man sollte nie Geld, Gefühle oder Gedanken auf die Seite legen, später braucht man sie nicht mehr.«

NATALIA
GINZBURG

DREI KLEINE TUGENDEN

Aus dem
Italienischen
von Maja Pflug

Verlag Klaus Wagenbach Berlin

INHALT

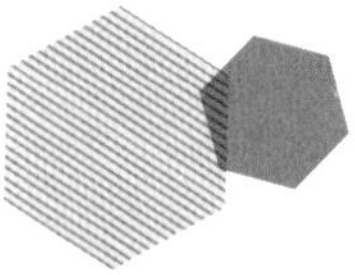

DIE KLEINEN TUGENDEN

Was die Erziehung angeht, denke ich, man muß die Kinder nicht die kleinen Tugenden lehren, sondern die großen. Nicht Sparsamkeit, sondern Freigiebigkeit und Gleichgültigkeit gegenüber Geld; nicht Vorsicht, sondern Mut und Verachtung der Gefahr; nicht Schlauheit, sondern Freimütigkeit und Wahrheitsliebe; nicht Diplomatie, sondern Liebe zum Nächsten und Selbstlosigkeit; nicht das Streben nach Erfolg, sondern das Streben nach Sein und Wissen.

Gewöhnlich aber machen wir es umgekehrt: Wir beeilen uns, ihnen Achtung vor den kleinen Tugenden einzuflößen und darauf unser ganzes Erziehungssystem aufzubauen. Auf diese Weise wählen wir den bequemsten Weg: Denn die kleinen Tugenden bergen keine materielle Gefahr, im Gegenteil, sie schützen eher vor Schicksalsschlägen. Wir vernachlässigen es, die Kinder die großen Tugenden zu lehren, die wir doch lieben und von denen wir wünschten, daß unsere Kinder sie besäßen: Aber wir vertrauen darauf, daß sie eines zukünftigen Tages spontan in ihrem Wesen erwachen, da wir die großen Tugenden für etwas Instinktives halten, während die anderen, die kleinen, uns die Frucht von Überlegung und Berechnung zu sein scheinen, daher denken wir, wir müssen sie den Kindern unbedingt beibringen.

In Wirklichkeit ist der Unterschied nur scheinbar. Auch die kleinen Tugenden kommen aus der Tiefe unseres Instinkts, aus einem Verteidigungsinstinkt: Aber aus ihnen spricht die Vernunft, sie urteilt und plädiert, brillanter Advokat der persönlichen Unversehrtheit. Die großen Tugenden erwachsen aus einem Instinkt, bei dem nicht der Verstand spricht, einem Instinkt, den ich schwer benennen könnte. Und unser Bestes liegt in diesem stummen Instinkt, nicht in unserem Verteidigungsinstinkt, der argumentiert, urteilt, plädiert mit der Stimme der Vernunft.

Die Erziehung ist nichts als eine bestimmte Beziehung, die wir zwischen uns und unseren Kindern herstellen, ein bestimmtes Klima, in dem Gefühle, Instinkte und Gedanken gedeihen. Nun glaube ich, daß in einem ganz von der Achtung vor den kleinen Tugenden geprägten Klima unmerklich Zynismus oder Angst vor dem Leben heranreifen. An sich haben die kleinen Tugenden nichts mit Zynismus oder Angst vor dem Leben zu tun: Aber zusammengenommen und ohne die großen Tugenden bringen sie eine Atmosphäre hervor, die zu jenen Konsequenzen führt. Nicht daß die kleinen Tugenden als solche verächtlich wären: Aber ihr Wert ist nicht substantiell, sondern eine Ergänzung; sie können nicht allein ohne die anderen bestehen und sind allein, ohne die anderen, schmale Kost für das Wesen des Menschen. Die Art und Weise, wie man mit den kleinen Tugenden umgeht, maßvoll und wenn es gänzlich unumgänglich ist, kann der Mensch um sich herum sehen und mit der Luft einatmen: denn die kleinen Tugenden sind sehr gewöhnlich und verbreitet unter den Menschen. Die großen Tugenden aber, die kann man nicht mit der Luft atmen: Und sie müssen das erste wesentliche Element unserer Beziehung zu unseren Kindern, die erste Grundlage unserer Erziehung sein. Darüber hinaus kann das Große auch das Kleine enthalten: Das Kleine aber, das ist Naturgesetz, kann auf keine Weise das Große enthalten.

Es hilft nicht, wenn wir versuchen, uns in der Beziehung zu unseren Kindern darauf zu besinnen und zu stützen, wie unsere Eltern sich uns gegenüber verhielten. Unsere Kindheit und Jugend war keine Zeit der kleinen Tugenden: Es war eine Zeit starker, volltönender Wörter, die aber nach und nach ihre Substanz verloren. Nun leben wir in einer Zeit gedämpfter, kalter Wörter, unter denen sich vielleicht der Wunsch nach einer Rückeroberung regt. Aber es ist ein schüchterner Wunsch, voll Furcht vor Lächerlichkeit. Also wappnen wir uns mit Vorsicht und Schlauheit. Unsere Eltern kannten weder Vorsicht noch Schlauheit – auch die Furcht vor Lächerlichkeit kannten sie nicht; sie waren inkonsequent, merkten es aber gar nicht; sie widersprachen sich ständig, gaben es aber nie zu. Sie behandelten uns mit einer Autorität, zu der wir völlig unfähig wären. Gestärkt durch ihre Grundsätze, die sie für unzerstörbar hielten, herrschten sie über uns mit absoluter Macht. Sie betäubten uns mit donnernden Wörtern; ein Dialog war nicht möglich, denn kaum vermuteten sie, Unrecht zu haben, befahlen sie uns zu schweigen; sie schlugen mit der Faust auf den Tisch, daß das Zimmer erzitterte. Wir erinnern uns an diese Geste, könnten sie aber nicht nachahmen. Wir können wütend werden, aufheulen wie Wölfe, aber hinter unserem Wolfsgeheul verbirgt sich ein hysterisches Schluchzen, ein heiseres Lämmerblöken.

Wir besitzen also keine Autorität, haben keine Waffen. Autorität bedeutete, für uns, Heuchelei und Verstellung. Wir sind uns unserer Schwäche zu sehr bewußt, sind zu schwermütig und unsicher, wissen zu genau um unsere Inkonsequenz und unsere Widersprüche und unsere Fehler: Wir haben zu tief in uns hineingeblickt und zu viele Dinge in uns gesehen. Und da wir keine Autorität besitzen, müssen wir eine andere Beziehung erfinden.

Da der Dialog zwischen Eltern und Kindern heute möglich geworden ist – möglich, obgleich immer noch schwierig, immer noch belastet durch gegenseitige Voreingenommenheit, Schüchternheit und Hemmungen –, ist es notwendig, uns in diesem Dialog zu zeigen, wie wir sind: unvollkommen; zuversichtlich, daß sie, unsere Kinder, uns nicht gleichen, daß sie stärker und besser sind als wir.

Da wir uns alle, auf die eine oder andere Weise, mit dem Problem des Geldes herumschlagen, ist die erste kleine Tugend, die uns einfällt, unsere Kinder das Sparen zu lehren. Wir schenken ihnen eine Sparbüchse und erklären ihnen, wie schön es sei, das Geld zu behalten anstatt es auszugeben, bis sich nach Monaten ein schönes Sümmchen angehäuft habe; wie schön es sei, der Lust, Geld auszugeben, zu widerstehen, um zum Schluß einen wertvollen Gegenstand kaufen zu können. Wir erinnern uns, in unserer Kindheit eine ebensolche Sparbüchse als Geschenk bekommen zu haben; aber wir vergessen, daß das Geld, und die Freude, es zu behalten, zur Zeit unserer Kindheit weniger grauenvoll und schmutzig war als heute: denn je mehr Zeit vergeht, um so schmutziger ist das Geld. Die Sparbüchse ist also unser erster Fehler: Wir haben in unser Erziehungssystem eine kleine Tugend eingebaut.

Diese harmlos aussehende, apfel- oder birnenförmige Sparbüchse aus Keramik steht monatelang im Zimmer unserer Kinder, und sie gewöhnen sich an ihre Anwesenheit; sie gewöhnen sich an den Genuß, Tag für Tag Geld in den Schlitz zu stecken; sie gewöhnen sich an das darin verwahrte Geld, das dort drinnen insgeheim im Dunkeln wächst wie ein Samenkorn in der Erde; sie fangen an, am Geld zu hängen, erst ganz unschuldig, wie man an allen Dingen hängt, die dank unseres Eifers gedeihen, seien es Pflänzchen oder Tiere, und liebäugeln dabei stets mit dem teuren Gegenstand, den sie in einem Schaufenster gesehen haben und den sie, wie wir ihnen gesagt haben, mit dem so gesparten Geld werden kaufen können. Wird dann die Spardose schließlich zerschlagen und das Geld ausgegeben, fühlen die Kinder sich allein und sind enttäuscht: Das Geld ist nicht mehr in ihrem Zimmer, gut aufgehoben im Bauch des Apfels, und der rosige Apfel ist auch nicht mehr da: Statt dessen steht da ein lang im Schaufenster beäugter Gegenstand, dessen Bedeutung und Vorzüge wir ihnen angepriesen haben: Doch jetzt, im Kinderzimmer, erscheint er grau und reizlos, wie verwelkt nach so langem Warten und so viel Geld. An dieser Enttäuschung werden die Kinder nicht dem Geld die Schuld geben, sondern dem Gegenstand selbst: denn das verlorene Geld behält in der Erinnerung all seine schmeichlerischen Versprechungen. Die Kinder werden eine neue Sparbüchse und neues Geld zum Aufbewahren verlangen; und sie werden dem Geld Gedanken und eine Aufmerksamkeit zuwenden, die schaden. Sie werden das Geld den Dingen vorziehen. Es schadet nicht, daß sie eine Enttäuschung erlebt haben; es schadet ihnen, daß sie sich allein fühlen ohne die Gesellschaft des Geldes.

Wir sollten sie nicht das Sparen lehren: Wir sollten sie daran gewöhnen, Geld auszugeben. Wir sollten den Kindern oft ein bißchen Geld geben, kleine, unbedeutende Summen, und sie ermuntern, es sofort und wie sie möchten auszugeben, einer augenblicklichen Laune folgend: Die Kinder werden irgendeine Kleinigkeit kaufen, die sie sofort vergessen, genauso wie sie sofort das Geld wieder vergessen werden, das sie so rasch und ohne zu überlegen ausgegeben haben und an dem sie nicht hängen. Wenn sie dann diese Kleinigkeiten in Händen halten, die sofort kaputtgehen, werden die Kinder ein wenig enttäuscht sein, doch werden sie sowohl die Enttäuschung, als auch den Krimskrams und das Geld schnell vergessen; so werden sie das Geld vielmehr mit etwas Augenblicklichem und Dummem in Verbindung bringen; sie werden denken, Geld sei etwas Dummes, wie es in der Kindheit richtig ist.

Es ist richtig, daß Kinder in den ersten Jahren ihres Lebens aufwachsen, ohne zu wissen, was Geld ist. Manchmal ist das unmöglich, wenn wir zu arm sind; und manchmal ist es schwierig, weil wir zu reich sind. Dennoch, wenn wir sehr arm sind, wenn das Geld eng an das tägliche Überleben gebunden ist, verwandelt es sich so unmittelbar vor den Augen des Kindes in Nahrung, Kohle oder Kleidung, daß es keine Möglichkeit hat, seinen Geist zu verderben. Wenn wir aber weder arm noch reich sind, ist es nicht schwierig zuzulassen, daß ein Kind die ersten Jahre aufwächst, ohne genau zu wissen, was Geld ist, und ohne sich im geringsten darum zu kümmern. Dennoch ist es notwendig, weder zu früh noch zu spät, dieses Unwissen zu durchbrechen: Und wenn wir ökonomische Probleme haben, ist es notwendig, daß unsere Kinder, weder zu früh noch zu spät, davon erfahren; genauso wie es richtig ist, daß sie an einem bestimmten Punkt unsere Sorgen und unsere Gründe zur Freude und unsere Pläne und alles, was das Familienleben betrifft, mit uns teilen. Und indem man sie daran gewöhnt, das Geld der Familie als etwas zu betrachten, das uns und ihnen gleichermaßen gehört, und nicht eher uns als ihnen oder umgekehrt, können wir sie auch auffordern, genügsam zu sein und auf das Geld zu achten, das sie ausgeben: Und auf diese Weise bedeutet die Aufforderung zum Sparen nicht mehr Respekt vor einer kleinen Tugend, ist nicht die abstrakte Aufforderung, eine Sache zu achten, die als solche, wie das Geld, keinen Respekt verdient; sondern es bedeutet, die Kinder daran zu erinnern, daß nicht viel Geld im Haus ist, es ist eine Aufforderung, sich erwachsen zu fühlen und verantwortlich für etwas, das uns wie ihnen gehört, etwas nicht besonders Schönes oder Liebenswertes, aber Ernstes, weil es mit unseren täglichen Bedürfnissen zusammenhängt. Aber nicht zu spät und nicht zu früh: Das Geheimnis der Erziehung besteht darin, den richtigen Zeitpunkt zu erraten.

Selbst genügsam und zu anderen großzügig zu sein: das heißt, ein richtiges Verhältnis zum Geld zu haben, dem Geld gegenüber frei zu sein. Und zweifellos ist es in den Familien, in denen das Geld verdient und unverzüglich wieder ausgegeben wird, wo es fließt wie durchsichtiges Quellwasser und praktisch als Geld nicht existiert, weniger schwierig, ein Kind zu einem solchen Gleichgewicht, zu einer solchen Freiheit zu erziehen. Kompliziert wird es dort, wo das Geld existiert, auf belastende Weise, wie bleiernes, stehendes Wasser, das gärende Gerüche ausströmt. Früh spüren die Kinder die Gegenwart dieses Geldes in der Familie, eine verborgene Macht, von der nie in klaren Worten gesprochen wird, sondern auf die die Eltern anspielen, wenn sie sich untereinander unterhalten, mit komplizierten, geheimnisvollen Ausdrücken, eine bleierne Starre in den Augen, eine bittere Falte um die Lippen; Geld, das nicht einfach in der Schreibtischschublade verwahrt ist, sondern das wer weiß wo eine große Rolle spielt und das von einem Augenblick zum anderen von der Erde verschluckt werden, unwiederbringlich für immer verschwinden und die Familie und das Haus mit hinabreißen könnte. In solchen Familien werden die Kinder ständig ermahnt, sparsam Geld auszugeben, jeden Tag hält die Mutter sie zur Vorsicht und zum Sparen an, wenn sie ihnen ein paar kleine Münzen für die Trambahn aushändigt; und im Blick der Mutter liegt diese bleierne

Sorge, auf ihrer Stirn erscheint die tiefe Falte, die immer da ist, wenn es um Geld geht; der finstere Schrecken, daß sich alles Geld in nichts auflöst, und daß auch die wenigen Münzen die ersten Staubschwaden eines bevorstehenden, tödlichen Zusammenbruchs sein können. Die Kinder aus solchen Familien gehen nicht selten mit abgetragenen Kleidern und ausgetretenen Schuhen zur Schule und müssen lange, manchmal sogar vergeblich, um ein Fahrrad oder einen Photoapparat betteln, Dinge, die manche, gewiß ärmere ihrer Spielgefährten längst besitzen. Und bekommen sie dann das Fahrrad, das sie sich wünschen, so ist das Geschenk von der strengen Ermahnung begleitet, diesen Luxusgegenstand, der so viel Geld gekostet hat, ja nicht kaputt zu machen und ihn niemandem zu leihen. Ununterbrochen und beharrlich werden diese Kinder zu Hause zur Sparsamkeit angehalten: Schulbücher müssen gebraucht gekauft werden, Hefte im Kaufhaus. Dies geschieht zum Teil deshalb, weil reiche Leute oft geizig sind, und weil sie sich für arm halten. Aber vor allem, weil die Mütter in reichen Familien mehr oder weniger unbewußt Angst vor den Folgen des Geldes haben und versuchen, die Kinder davor zu schützen, indem sie sie mit einer Vorspiegelung einfacher Gewohnheiten umgeben, sie sogar an kleine Entbehrungen gewöhnen. Aber es gibt keinen schlimmeren Fehler als den, ein Kind in einem solchen Widerspruch leben zu lassen: Das Geld spricht überall im Haus seine unmißverständliche Sprache: Es ist im Porzellan präsent, in der Einrichtung, im schweren Silber, in den bequemen Reisen, in den prächtigen Ferien, im Gruß des Portiers, in der Feierlichkeit der Dienstboten; es ist in den Gesprächen der Eltern präsent, es ist die Falte auf der Stirn des Vaters, die bleierne Ratlosigkeit im Blick der Mutter; das Geld ist überall, unberührbar, weil vielleicht schrecklich fragil, es ist etwas, womit man nicht spaßen darf, ein tödlicher Gott, an den man sich nur flüsternd wenden kann; und um diesen Gott zu ehren, um seine trauervolle Unbeweglichkeit nicht zu stören, muß man den zu eng gewordenen Mantel des Vorjahres auftragen, mit zerfledderten, lumpigen Büchern seine Schulaufgaben machen, sich mit dem Fahrrad des Bauern vergnügen.

Wollen wir unsere Kinder, wenn wir reich sind, zu einfachen Gewohnheiten erziehen, muß jedoch ganz klar sein, daß all das durch solche Gewohnheiten gesparte Geld ohne Zögern für andere Menschen ausgegeben wird. Solche Gewohnheiten haben nur dann einen Sinn, wenn es sich weder um Geiz, noch um Furcht, sondern, mitten im Reichtum, um eine freie Entscheidung für die Einfachheit handelt. Ein Kind aus reicher Familie lernt nicht Genügsamkeit, weil man es alte Kleider tragen oder als Zwischenmahlzeit grüne Äpfel essen läßt oder weil man ihm das Fahrrad vorenthält, das es sich schon so lange wünscht: Diese Art von Genügsamkeit mitten im Reichtum ist die reine Heuchelei, und Heucheleien sind immer schlecht für die Erziehung. Auf diese Weise wird das Kind nur Geiz und Angst vor Geld lernen. Indem es das Fahrrad nicht bekommt, das es sich wünscht und das wir ihm kaufen könnten, werden wir nichts erreichen, als ihm eine Sache vorzuenthalten, auf die ein Kind ein Recht hat, wir werden nur seine Kindheit weniger heiter machen im Namen eines abstrakten Grundsatzes, der durch die Wirklichkeit nicht gerechtfertigt wird. Und unausgesprochen werden wir ihm damit vermitteln, daß Geld besser ist als ein Fahrrad. Es ist aber nötig, daß das Kind weiß: ein Fahrrad ist immer besser als das Geld.

Der echte Schutz vor Reichtum ist nicht Angst vor Reichtum, vor seiner Vergänglichkeit und vor den lasterhaften Folgen, zu denen er führen kann: Der echte Schutz vor Reichtum ist Gleichgültigkeit gegenüber Geld. Um ein Kind zu dieser Gleichgültigkeit zu erziehen, gibt es keine andere

Möglichkeit, als ihm Geld zum Ausgeben zu geben, wenn Geld vorhanden ist: damit es lernt, sich ohne Kummer und Bedauern davon zu trennen. Man wird mir entgegenhalten, so gewöhne sich das Kind daran, Geld zu haben, und werde nicht mehr ohne auskommen; was soll werden, falls es morgen nicht mehr reich ist? Aber es ist leichter, kein Geld zu haben, wenn wir gelernt haben, es auszugeben, wenn wir gelernt haben, wie rasch es unter den Händen verfliegt; es ist leichter, ohne Geld auszukommen, wenn wir es genau kennengelernt haben, als wenn wir ihm in der Kindheit Ehrfurcht gezollt und Angst vor ihm gehabt haben, wenn wir seine Gegenwart rundum gespürt haben, es uns aber nicht gestattet war, die Augen zu erheben und ihm ins Gesicht zu sehen.

Kaum kommen unsere Kinder in die Schule, versprechen wir ihnen sofort Geld als Belohnung, wenn sie gut lernen. Das ist ein Fehler. So mischen wir das Geld, etwas Unedles, mit einer verdienstvollen, erstrebenswerten Sache, nämlich dem Lernen und der Freude am Wissen. Das Geld, das wir unseren Kindern geben, müßte ohne Grund gegeben werden; es müßte gleichgültig gegeben werden, damit sie lernen, es gleichgültig anzunehmen; es darf ihnen nicht gegeben werden, damit sie lernen, das Geld zu lieben, sondern damit sie lernen, es nicht zu lieben, damit sie sein wahres Wesen erkennen, sein Unvermögen, die wahrsten Wünsche zu befriedigen, nämlich die des Geistes. Indem man das Geld zur Belohnung erhebt, zu einem Ankunftspunkt, einem Ziel, das erreicht werden soll, adeln wir es, räumen ihm einen Platz und eine Bedeutung ein, die es in den Augen unserer Kinder nicht haben darf. Unausgesprochen halten wir damit den – falschen – Grundsatz hoch, Geld sei die Krönung, das Endziel einer Mühe. Geld müßte aber als Lohn für eine Mühe aufgefaßt werden: nicht als ihr Endziel, sondern als Lohn, als berechtigte Forderung: Und daß die schulischen Bemühungen der Kinder nicht mit einem Lohn abgegolten werden können, liegt auf der Hand. Ein geringerer Fehler – aber dennoch ein Fehler – ist es, den Kindern Geld für Mithilfe im Haushalt, für kleine Dienste anzubieten. Es ist ein Fehler, denn wir sind für unsere Kinder keine Arbeitgeber: Das Geld der Familie gehört ihnen genauso wie uns: Diese Mithilfe, die kleinen Dienstleistungen müßten ohne Entgelt bleiben, ein freiwilliger Beitrag zum Familienleben. Und im allgemeinen, glaube ich, muß man sehr vorsichtig damit umgehen, Belohnungen zu versprechen und Strafen auszuteilen. Denn das Leben wird selten Belohnungen und Strafen bereithalten: Gewöhnlich folgt auf Opfer keinerlei Belohnung, und oft werden böse Taten nicht bestraft, sondern manchmal sogar üppig mit Erfolg und Geld vergolten. Deshalb ist es besser, wenn unsere Kinder von klein auf wissen, daß das Gute nicht belohnt und das Böse nicht bestraft wird, man aber dennoch das Gute lieben und das Böse hassen muß: und dafür eine logische Erklärung zu geben, ist nicht möglich.

Wir sind es gewöhnt, der schulischen Leistung unserer Kinder eine Bedeutung beizumessen, die gänzlich unbegründet ist. Und auch dies ist nichts weiter als Achtung vor der kleinen Tugend des Erfolgs. Es müßte uns genügen, daß sie nicht zu sehr hinter den anderen zurückbleiben, daß sie am Jahresende nicht durchfallen; doch damit begnügen wir uns nicht; wir wollen Erfolg von ihnen, wollen, daß sie unseren Stolz befriedigen. Wenn sie in der Schule schlecht sind oder einfach nicht so gut, wie wir fordern, errichten wir sofort zwischen ihnen und uns die Schranke der ständigen Unzufriedenheit; wir legen uns ihnen gegenüber den mürrischen, weinerlichen Tonfall dessen zu, der eine Beleidigung erfährt. Dann entfernen sich unsere Kinder angeödet von uns. Oder wir unterstützen sie in ihrer Auflehnung gegen die Lehrer, die sie nicht verstanden haben, fühlen uns, zusammen mit ihnen, als Opfer einer Ungerechtigkeit.

Und wir verbessern ihnen jeden Tag die Hausaufgaben, setzen uns sogar neben sie, während sie ihre Hausaufgaben machen, und lernen mit ihnen. In Wirklichkeit müßte die Schule für ein Kind von Anfang an die erste Schlacht sein, die es allein schlagen muß, ohne uns; von Anfang an müßte klar sein, daß sie sein Bereich ist, in dem wir ihm nur ganz gelegentlich und unerheblich Hilfestellung leisten können. Und wenn es dort Ungerechtigkeiten erleidet oder nicht verstanden wird, ist es nötig, ihm zu verstehen zu geben, daß daran nichts Sonderbares ist, weil wir im Leben darauf gefaßt sein müssen, mißverstanden und verkannt und Opfer von Ungerechtigkeit zu werden: Das einzige, was zählt, ist, selbst keine Ungerechtigkeit zu begehen. Die Erfolge oder Mißerfolge unserer Kinder teilen wir mit ihnen, weil wir sie liebhaben, aber auf die gleiche Weise und im gleichen Maß, wie sie nach und nach, wenn sie heranwachsen, unsere Erfolge und Mißerfolge, unsere Freuden oder Sorgen teilen. Es ist falsch zu glauben, sie hätten uns gegenüber die Pflicht, gut in der Schule zu sein und beim Lernen geistig ihr Bestes zu geben. Ihre Pflicht uns gegenüber besteht, wenn wir sie auf den Weg des Lernens gebracht haben, nur darin, weiterzugehen. Wenn sie geistig ihr Bestes nicht in der Schule geben, sondern es auf etwas anderes verwenden wollen, das sie begeistert, Käfersammeln oder Türkischlernen, so ist das ihre Sache und wir haben kein Recht, ihnen Vorwürfe zu machen, uns in unserem Stolz verletzt oder um eine Befriedigung gebracht zu zeigen. Wenn es wirkt, als wollten sie vorerst geistig ihr Bestes überhaupt nicht geben, sondern die Tage damit zubringen, am Tisch sitzend an ihrem Stift zu kauen, so haben wir auch dann nicht das Recht, sie besonders zu tadeln: Wer weiß, vielleicht ist das, was wir für Müßiggang halten, in Wirklichkeit Phantasietätigkeit und Nachdenken, das morgen Früchte tragen kann. Wenn es scheint, als vergeudeten sie ihre besten Energien, auch geistig, weil sie sich aufs Sofa werfen und dumme Romane lesen oder auf einer Wiese beim Fußballspiel toben, so können wir wiederum nicht wissen, ob es sich wirklich um Verschwendung von Energie und Verstand handelt oder ob auch dies in irgendeiner Form, die wir jetzt noch nicht kennen, Früchte tragen wird. Denn die Möglichkeiten des Geistes sind unendlich. Aber wir Eltern dürfen uns nicht von der panischen Angst vor dem Mißerfolg erfassen lassen. Unsere Vorwürfe müssen sein wie Windstöße oder Gewitterschauer: heftig, aber sofort vergessen; nichts, das das Wesen unserer Beziehungen zu unseren Kindern verdunkeln, ihre

Klarheit und ihren Frieden trüben kann. Wir sind dazu da, um unsere Kinder zu trösten, wenn ein Mißerfolg sie geschmerzt hat, wir sind da, um sie zu ermutigen, wenn ein Mißerfolg sie beschämt hat. Wir sind auch dazu da, um sie zu dämpfen, wenn ein Erfolg sie überheblich gemacht hat. Wir sind dazu da, um die bescheidenen, engen Grenzen der Schule aufzuzeigen; sie ist nichts, was die Zukunft belasten kann; ein einfaches Angebot von Hilfsmitteln, aus denen man sich vielleicht eines auswählen kann, um morgen daraus einen Nutzen zu ziehen.

Was uns bei der Erziehung am Herzen liegen muß, ist, daß unsere Kinder nie die Liebe zum Leben verlieren. Sie kann verschiedene Formen annehmen, und manchmal fehlt einem lustlosen, einzelgängerischen und scheuen Kind nicht die Liebe zum Leben, bedrückt es keine Angst vor dem Leben, sondern es befindet sich einfach in einem Zustand des Wartens, ist damit beschäftigt, sich auf seine Berufung vorzubereiten. Und was ist die Berufung eines Menschen, wenn nicht der höchste Ausdruck seiner Liebe zum Leben? Wir müssen dann neben dem Kind abwarten, bis seine Berufung erwacht und Gestalt annimmt. Sein Verhalten kann dem des Maulwurfs gleichen oder der Eidechse, die reglos dasitzt und tut, als sei sie tot: Dabei riecht und belauert sie die Spur des Insekts, auf das sie sich mit einem Sprung stürzen wird. Neben ihm, aber stumm und ein wenig abseits, müssen wir den Ruck seines Geistes abwarten. Wir dürfen nichts fordern: Wir dürfen nicht verlangen oder hoffen, daß es ein Genie, ein Künstler, ein Held oder ein Heiliger wird; dennoch müssen wir zu allem bereit sein; unsere Erwartung und unsere Geduld müssen die Möglichkeit des höchsten und des bescheidensten Schicksals einschließen.

Eine Berufung, eine glühende, ausschließliche Leidenschaft für etwas, das nichts mit Geld zu tun hat, das Bewußtsein, eine Sache besser als andere zu können und diese Sache über alles zu lieben, ist für ein reiches Kind die einzige Möglichkeit, nicht vom Geld bestimmt zu sein, dem Geld gegenüber frei zu sein: Anderen gegenüber weder stolz auf den Reichtum zu sein noch sich seiner zu schämen. Es wird gar nicht merken, welche Kleider es trägt, welche Sitten es umgeben, und morgen wird es zu jedem Verzicht fähig sein, weil der einzige Hunger und der einzige Durst in ihm seine Leidenschaft sein wird, die alles verschlungen hat, was unbedeutend und vorübergehend ist, jede in der Kindheit angenommene Gewohnheit oder Haltung von ihm abgestreift hat und allein über seinen Geist herrscht. Eine Berufung ist die einzige wirkliche Gesundheit, der einzige Reichtum des Menschen.

Welche Möglichkeiten besitzen wir, um in unseren Kindern das Entstehen und die Entwicklung einer Berufung zu fördern? Nicht viele: Aber einige haben wir vielleicht doch. Das Entstehen und die Entwicklung einer Berufung braucht Raum: Raum und Stille: die freie Stille des Raums. Die Beziehung zwischen uns und unseren Kindern muß aus einem lebhaften Austausch von Gedanken und Gefühlen bestehen und dennoch Bereiche tiefen Schweigens einschließen; es muß eine intime Beziehung sein, die sich dennoch nicht gewaltsam in ihre Intimität einmischt; es muß das richtige Gleichgewicht zwischen Schweigen und Wörtern herrschen. Wir müssen für unsere Kinder wichtig sein, und doch nicht zu wichtig: Wir müssen ihnen ein bißchen gefallen, aber doch nicht zu sehr: damit es ihnen nicht einfällt, genauso zu werden wie wir, uns in unserem Beruf nachzuahmen, in den Lebensgefährten, die sie sich wählen, nach unserem Bild zu suchen. Wir müssen eine Freundschaftsbeziehung zu ihnen haben: Dennoch dürfen wir nicht zu sehr ihre Freunde sein, damit es ihnen nicht schwerfällt, wirkliche Freunde zu haben, denen sie die Dinge sagen können, die sie uns verschweigen. Es ist nötig, daß ihre Suche nach Freunden, ihr Liebesleben, ihr religiöses Leben, ihre Suche nach einer Berufung von Schweigen und Schatten umgeben sind, sich abseits von uns abspielen. Man wird mir entgegenhalten, daß sich unsere Intimität mit unseren Kindern dann auf recht wenig reduziert. Aber in unseren Beziehungen zu ihnen muß all dies im großen enthalten sein, sowohl das religiöse Leben als auch das Verstandesleben, das Liebesleben und das Urteil über die Menschen; wir müssen für sie einfach ein Ausgangspunkt sein, ihnen das Sprungbrett bieten, von dem sie zum Sprung ansetzen. Und wir müssen da sein, um ihnen zu helfen, falls Hilfe nötig ist; sie müssen wissen, daß sie uns nicht gehören, wir aber gehören ihnen, o ja, immer verfügbar, anwesend im Zimmer nebenan, bereit, so gut wir können auf jede mögliche Frage, auf jede Bitte zu antworten.

Und wenn wir selbst eine Berufung haben, wenn wir sie nicht verraten, sondern über die Jahre hinweg immer weiter geliebt, ihr mit Leidenschaft gedient haben, dann können wir in der Liebe zu unseren Kindern besitzergreifende Gefühle von unserem Herzen fernhalten. Haben wir dagegen keine Berufung oder haben wir sie aus Zynismus oder aus Angst vor dem Leben oder aus falsch verstandener Elternliebe oder wegen irgendeiner kleinen Tugend, die sich in uns eingenistet hat, verlassen und verraten, dann klammern wir uns an unsere Kinder wie ein Ertrinkender an den Baumstamm, dann verlangen wir lebhaft von ihnen, daß sie uns alles zurückerstatten, was wir ihnen gegeben haben, daß sie absolut und ausweglos so sind, wie wir sie haben wollen, daß sie im Leben alles erreichen, was uns gefehlt hat; zuletzt verlangen wir von ihnen alles, was nur unsere eigene Berufung uns geben kann: Wir wollen, daß sie ganz unser Werk sind, als handelte es sich nicht um Menschen, sondern um Werke des Geistes. Haben wir aber selbst eine Berufung, haben wir ihr nicht abgeschworen, sie nicht verraten, dann können wir unsere Kinder ruhig außerhalb von uns heranwachsen lassen, umgeben von dem Schatten und dem Raum, derer eine keimende Berufung, ein keimendes menschliches Wesen bedürfen. Das ist vielleicht die einzige wirkliche Möglichkeit, die wir haben, um ihnen bei ihrer Suche nach einer Berufung behilflich zu sein, daß wir selbst eine Berufung haben, sie kennen, lieben und ihr leidenschaftlich dienen: Denn die Liebe zum Leben weckt Liebe zum Leben.

SCHWEIGEN

Ich habe *Pelléas et Mélisande* gehört. Von Musik verstehe ich nichts. Es hat mich nur dazu angeregt, die Wörter der alten Opernlibretti (Sconto col sangue mio – l'amor che posi in te / Ich büße mit meinem Blute – für die Liebe zu dir), dick aufgetragene, blutige, schwerwiegende Wörter, mit den Wörtern von *Pelléas et Mélisande* (J'ai froid – ta chevelure / Mir ist kalt – dein Haar), flüchtigen, wassergleichen Wörtern, zu vergleichen. Aus dem Überdruß, aus dem Ekel vor dick aufgetragenen, blutigen Wörtern sind diese wassergleichen, vergänglichen Wörter entstanden.

Ich habe mich gefragt, ob das (*Pelléas et Mélisande*) nicht der Anfang des Schweigens war.

Denn unter den seltsamsten und schlimmsten Lastern unserer Zeit ist das Schweigen zu nennen. Diejenigen von uns, die heute versucht haben, Romane zu schreiben, kennen das Unbehagen, das unglückliche Gefühl, das einen überkommt, wenn es soweit ist, die Personen miteinander sprechen zu lassen. Seitenlang tauschen unsere Gestalten unbedeutende, aber von einer verheerenden Traurigkeit belastete Bemerkungen aus: »Ist dir kalt?« – »Nein, mir ist nicht kalt.« – »Willst du etwas Tee?« – »Nein, danke.« – »Bist du müde?« – »Ich weiß nicht. Ja, vielleicht bin ich etwas müde.« So sprechen unsere Personen. Sie sprechen so, um das Schweigen zu überbrücken. Sie sprechen so, weil sie nicht mehr wissen, wie sie sprechen sollen. Nach und nach kommen auch die wichtigeren Sachen heraus, die schrecklichen Geständnisse: »Hast du ihn getötet?« – »Ja, ich habe ihn getötet.« Dem Schweigen schmerzhaft abgerungen, kommen die wenigen unfruchtbaren Wörter unserer Epoche zum Vorschein, wie Signale von Schiffbrüchigen, weit weg zwischen Hügeln entzündete Feuer, klägliche, verzweifelte Rufe, die der Raum verschlingt.

Dann, wenn wir unsere Personen miteinander sprechen lassen wollen, dann ermessen wir das tiefe Schweigen, das sich allmählich in uns verdichtet hat. Wir haben als Kinder zu schweigen begonnen, bei Tisch, gegenüber unseren Eltern, die noch mit jenen alten, blutigen und schwerwiegenden Wörtern zu uns sprachen. Wir schwiegen. Wir schwiegen aus Protest und aus Empörung. Wir schwiegen, um unseren Eltern zu verstehen zu geben, daß ihre schwerwiegenden Wörter bei uns ausgedient hatten. Wir hielten andere in der Reserve. Wir schwiegen voller Vertrauen auf unsere neuen Wörter. Wir wollten unsere neuen Wörter später anbringen, bei Leuten, die sie verstehen würden. Unser Schweigen machte uns reich. Jetzt schämen wir uns dafür und sind verzweifelt und wissen um all sein Elend. Wir haben uns nie mehr davon befreit. Diese dick aufgetragenen, alten Wörter, die unsere Eltern benutzten, sind ungültige Münze, und keiner nimmt sie mehr an. Und die neuen Wörter, haben wir bemerkt, haben keinen Wert, man kann nichts dafür kaufen. Sie dienen nicht dazu, Beziehungen herzustellen, sind wäßrig, kalt, unfruchtbar. Wir können damit keine Bücher schreiben, keinen geliebten Menschen an uns binden, keinen Freund retten.

Zu den Lastern unserer Zeit, das ist bekannt, zählt das Schuldgefühl: Darüber wird viel gesprochen und geschrieben. Alle leiden wir darunter. Wir fühlen uns in eine Angelegenheit verwickelt, die von Tag zu Tag schmutziger wird. Es ist auch von dem Gefühl von Panik die Rede gewesen: Auch darunter leiden wir alle. Das Gefühl von Panik entsteht aus dem Schuldgefühl. Und wer sich erschreckt und schuldig fühlt, schweigt.

Vom Schuldgefühl, von dem Gefühl von Panik, vom Schweigen versucht jeder auf seine Weise zu genesen. Manche gehen auf Reisen. In der Sehnsucht, neue Länder, andere Leute zu sehen, liegt die Hoffnung, die eigenen finsteren Gespenster hinter sich zu lassen; die heimliche Hoffnung, an irgendeinem Ort der Welt den Menschen zu entdecken, der mit uns wird sprechen können. Manche betrinken sich, um ihre finsteren Gespenster zu vergessen und um sprechen zu können. Und dann gibt es noch all die Dinge, die man tut, um nicht sprechen zu müssen: manche verbringen die Abende schlafend in einem Kinosaal, neben sich die Frau, mit der sie auf diese Weise nicht sprechen müssen; manche lernen Bridge zu spielen; manche machen Liebe, was man auch ohne Worte tun kann. Gewöhnlich sagt man, daß man diese Dinge tut, um sich die Zeit zu vertreiben: in Wirklichkeit tut man sie, um das Schweigen zu vertreiben.

Es gibt zwei Arten von Schweigen: das Schweigen vor sich selbst und das Schweigen vor den anderen. Unter der einen wie der anderen Form leiden wir gleichermaßen. Das Schweigen uns selbst gegenüber wird von einer heftigen Antipathie beherrscht, die uns unserem eigenen Wesen gegenüber erfaßt hat, von der Verachtung für unsere Seele, die so feige ist, daß sie es nicht verdient, irgend etwas gesagt zu bekommen. Es ist klar, daß wir das Schweigen uns selbst gegenüber brechen müssen, wenn wir versuchen wollen, das Schweigen den anderen gegenüber zu brechen. Es ist klar, daß wir kein Recht haben, uns selbst zu hassen, kein Recht, unserer Seele unsere Gedanken zu verschweigen.

Das verbreitetste Mittel, um sich vom Schweigen zu befreien, ist, eine Psychoanalyse zu machen. Unaufhörlich von sich selbst zu sprechen zu einem Menschen, der zuhört, der bezahlt wird, um zuzuhören: Die Wurzeln des eigenen Schweigens bloßzulegen, ja, das mag vielleicht vorübergehend Erleichterung verschaffen. Aber das Schweigen ist allumfassend und tief. Das Schweigen, das finden wir wieder, sobald wir aus der Tür des Zimmers getreten sind, in dem jene Person, die für ihr Zuhören bezahlt wird, zuhörte. Wir verfallen ihm sofort wieder. Dann erscheint uns die Erleichterung einer Stunde oberflächlich und banal. Das Schweigen ist auf der Erde: daß nur einer von uns eine Stunde lang davon geheilt wird, nützt der gemeinsamen Sache nicht.

Wenn wir eine Analyse machen, wird uns gesagt, daß wir aufhören müssen, uns selbst so heftig zu hassen. Doch um uns von diesem Haß zu befreien, um uns von dem Schuldgefühl, dem

Gefühl von Panik, dem Schweigen zu befreien, wird uns nahegelegt, nach der Natur zu leben, uns unserem Trieb zu überlassen, unserer reinen Lust zu folgen: aus unserem Leben die reine Wahl zu machen. Aber aus dem Leben die reine Wahl zu machen, bedeutet nicht, nach der Natur zu leben: Es bedeutet, gegen die Natur zu leben, da es dem Menschen nicht gegeben ist, immer zu wählen: Der Mensch hat weder die Stunde seiner Geburt gewählt, noch sein Gesicht, noch seine Eltern, noch seine Kindheit; gewöhnlich wählt der Mensch nicht die Stunde seines Todes. Der Mensch kann sein Gesicht nur annehmen, ebenso wie er sein Schicksal nur annehmen kann: Und die einzige Wahl, die ihm gestattet ist, ist die Wahl zwischen Gut und Böse, zwischen Recht und Unrecht, zwischen Wahrheit und Lüge. Die Dinge, die uns diejenigen sagen, zu denen wir in die Analyse gehen, sind nicht zu gebrauchen, weil sie unsere moralische Verantwortung nicht berücksichtigen, die einzige Wahl, die uns im Leben gewährt wird: Wer von uns eine Psychoanalyse gemacht hat, weiß genau, daß jene Atmosphäre vergänglicher Freiheit, die man genoß, wenn man nach der reinen Lust lebte, eine künstliche, unnatürliche, am Ende unerträgliche Atmosphäre war.

Gewöhnlich wird dieses Laster des Schweigens, das unsere Epoche vergiftet, mit einem Gemeinplatz beschrieben: »Die Lust am Gespräch ist verlorengegangen.« Es ist der gleichgültige, mondäne Ausdruck für einen wahren und tragischen Sachverhalt. Wenn wir »die Lust am Gespräch« erwähnen, sagen wir nichts, was uns leben hilft: Doch die Möglichkeit einer freien, normalen, zwischenmenschlichen Beziehung, die fehlt uns allerdings, sie fehlt uns so sehr, daß einige von uns sich wegen des Wissens um diesen Mangel umgebracht haben. Das Schweigen mäht jeden Tag seine Opfer nieder. Das Schweigen ist eine tödliche Krankheit.

Nie waren die Schicksale der Menschen so eng miteinander verknüpft wie heute, so daß die Katastrophe eines einzelnen die Katastrophe aller ist. Daraus folgt diese seltsame Tatsache: Die Menschen finden sich so eng an das Schicksal der anderen gebunden, daß der Zusammenbruch eines einzelnen Tausende von anderen mitreißt, und gleichzeitig ersticken alle im Schweigen, unfähig, ein paar freie Worte zu tauschen. Deshalb – weil das Unglück eines einzelnen das Unglück aller ist – erweisen sich die Mittel, die man uns anbietet, um vom Schweigen geheilt zu werden, als wirkungslos. Man schlägt uns vor, uns mit Egoismus gegen die Verzweiflung zu wehren. Aber Egoismus hat noch nie etwas gegen Verzweiflung ausrichten können. Wir sind nur zu sehr gewöhnt, die Laster unserer Seele als *Krankheiten* zu bezeichnen, und sie zu erleiden, uns von ihnen beherrschen zu lassen oder sie mit süßem Sirup zu lindern, sie zu behandeln, als wären es Krankheiten. Das Schweigen muß aus moralischer Sicht betrachtet und verurteilt werden. Es ist uns nicht gegeben zu wählen, ob wir glücklich oder unglücklich sein wollen. Aber man *muß* wählen, nicht *teuflisch* unglücklich zu sein. Das Schweigen kann zu einer Form von verschlossenem, ungeheuerlichem, *teuflischem* Unglücklichsein führen: die Tage der Jugend welk, das Brot bitter machen. Es kann, wie gesagt, zum Tod führen.

Das Schweigen muß aus moralischer Sicht betrachtet und verurteilt werden. Denn Schweigen ist, wie Trägheit und Unzucht, eine Sünde. Daß es eine Sünde ist, die in unserer Epoche allen unseren Mitmenschen gemeinsam ist, die bittere Frucht unserer ungesunden Epoche, enthebt uns nicht der Pflicht, sein Wesen zu erkennen, es bei seinem wahren Namen zu nennen.

DIE MENSCHLICHEN BEZIEHUNGEN

Das Problem unserer menschlichen Beziehungen steht im Mittelpunkt unseres Lebens: Sowie uns das bewußt wird, das heißt, sowie es sich uns als ein deutliches Problem und nicht mehr als konfuses Leiden darstellt, beginnen wir, seine Spuren zu suchen und unser Leben lang seine Geschichte zu rekonstruieren.

In der Kindheit halten wir die Augen vor allem fest auf die Welt der Erwachsenen gerichtet, die dunkel und geheimnisvoll für uns ist. Sie erscheint uns absurd, da wir nichts von den Worten verstehen, die die Erwachsenen untereinander austauschen, weder den Sinn ihrer Entscheidungen und Taten, noch die Gründe für ihre Stimmungswechsel, ihre unvermuteten Wutausbrüche. Die Worte, die die Erwachsenen miteinander wechseln, verstehen wir nicht und sie interessieren uns nicht, sie langweilen uns sogar unendlich. Dagegen interessieren uns die Entscheidungen, die den Lauf unserer Tage verändern können, die Mißstimmungen, die Mittag- und Abendessen überschatten, das plötzliche Türenschlagen und das Lautwerden von Stimmen in der Nacht. Wir haben verstanden, daß sich aus einem ruhigen Austausch von Worten jederzeit ein plötzlicher Sturm entfesseln kann, mit Geräuschen von zugeschlagenen Türen und geworfenen Gegenständen. Wir achten unruhig auf jedes geringste Anzeichen von Gewalt in den Stimmen, die sprechen. Es kommt vor, daß wir allein und in ein Spiel vertieft sind, und plötzlich erheben sich im Haus jene Stimmen voller Zorn: mechanisch spielen wir weiter, stecken Kiesel und Grashalme in ein Häufchen Erde, um einen Hügel daraus zu machen: Doch indessen bedeutet uns das Hügelchen gar nichts mehr, wir fühlen, daß wir nicht mehr glücklich sein können, bis im Haus nicht wieder Frieden eingekehrt ist; die Türen schlagen und wir zucken zusammen; wütende Worte fliegen von einem Zimmer zum anderen, uns unverständliche Worte, wir versuchen nicht, sie zu verstehen oder die dunklen Gründe herauszufinden, die sie diktiert haben, undeutlich denken wir, daß es sich um schreckliche Dinge handeln muß: Das ganze absurde Geheimnis der Erwachsenen lastet auf uns. Oftmals kompliziert es unsere Beziehungen zur Welt unseresgleichen, der Kinder: Oft ist ein Freund bei uns, zum Spielen gekommen, wir bauen mit ihm einen Hügel, und eine zugeschlagene Tür sagt uns, daß der Friede vorbei ist; glühend vor Scham tun wir so, als interessierte uns der Hügel über alle Maßen, wir bemühen uns, die Aufmerksamkeit unseres Freundes von jenen wilden, durchs Haus tönenden Stimmen abzulenken: Mit plötzlich weich und müde gewordenen Händen stecken wir sorgfältig Hölzchen in den Erdhaufen. Wir sind uns absolut sicher, daß bei unserem Freund zu Hause nie gestritten wird, nie wilde Worte geschrien werden; bei unserem Freund zu Hause sind alle wohlerzogen und heiter, Streiten ist eine besondere Schande, die es nur bei uns zu Hause gibt: Eines Tages entdecken wir dann mit großer Erleichterung, daß bei unserem Freund daheim genauso gestritten wird wie bei uns, vielleicht wird überall auf der Welt zu Hause gestritten.

Unsere Jugendzeit hat begonnen, wenn die Worte, die die Erwachsenen miteinander wechseln, uns verständlich werden; verständlich, aber für uns bedeutungslos, denn es ist uns nun gleichgültig, ob bei uns zu Hause Frieden herrscht oder nicht. Wir können jetzt die Kette der häuslichen Streitereien verfolgen, Verlauf und Dauer vorhersehen: Und sie erschrecken uns nicht mehr, die Türen schlagen und wir zucken nicht zusammen;

unser Zuhause ist für uns nicht mehr, was es vorher war: Es ist nicht mehr der Punkt, von dem aus wir den Rest des Universums betrachten, es ist ein Ort, an dem wir zufällig essen und wohnen: Wir essen rasch und hören dabei zerstreut mit einem Ohr auf die Worte der Erwachsenen, Worte, die uns verständlich sind, uns aber unnütz erscheinen; wir essen und verziehen uns eiligst in unser Zimmer, um nicht all die unnützen Worte hören zu müssen: Und wir können sehr glücklich sein, auch wenn die Erwachsenen um uns herum streiten und sich tagelang schief ansehen. Alles, was uns wichtig ist, geschieht nicht mehr zwischen den häuslichen vier Wänden, sondern draußen, auf der Straße und in der Schule: Wir fühlen, daß wir nicht glücklich sein können, wenn uns in der Schule die anderen Kinder ein wenig verachtet haben. Wir würden alles tun, um uns vor dieser Verachtung zu retten: Wir tun alles. Wir schreiben komische kleine Strophen, um unseren Schulkameraden zu gefallen, und sagen sie ihnen mit lächerlichen Grimassen her, für die wir uns dann schämen; wir sammeln unflätige Wörter, damit sie uns ein wenig achten, den ganzen Tag machen wir Jagd auf unflätige Wörter in den Büchern und Nachschlagewerken, die wir zu Hause haben; und da es uns so vorkommt, als habe eine auffällige und protzige Art sich anzuziehen bei unseren Kameraden Erfolg, bemühen wir uns gegen den Willen unserer Mutter, etwas ein wenig Auffälliges und Vulgäres in unsere schlichte Kleidung zu bringen. Undeutlich fühlen wir, daß vor allem unsere Schüchternheit daran schuld ist, wenn wir verachtet werden: Wer weiß, vielleicht hat jener ferne Augenblick, in dem wir mit unserem Freund einen Hügel aus Erde bauten und die Türen schlugen und wilde Stimmen durchs Haus schallten und die Scham uns auf den Wangen brannte, vielleicht hat jener Augenblick die Wurzeln der Schüchternheit in uns gelegt: Und wir denken, wir müßten das ganze Leben darauf verwenden, uns von der Schüchternheit zu befreien, zu lernen, uns im Blick der anderen mit der gleichen Keckheit und Unbefangenheit zu bewegen, wie wenn wir allein sind. Unsere Schüchternheit scheint uns das schwierigste Hindernis dabei zu sein, allgemeine Sympathie und Zustimmung zu ernten: Und uns hungert und dürstet nach dieser Zustimmung: In unseren einsamen Phantastereien sehen wir uns triumphierend durch die Stadt reiten, zu Pferd in einer Menge, die uns zujubelt und uns vergöttert.

Zu Hause bestrafen wir jene Erwachsenen, die uns jahrelang mit ihrem absurden Geheimnis belastet hatten, mit tiefer Verachtung, mit Stummheit und der Undurchdringlichkeit unseres Gesichts; sie haben uns so viele Jahre lang mit ihrem Geheimnis gequält, jetzt rächen wir uns, indem wir ihnen unser Geheimnis entgegenhalten, ein undurchdringliches, stummes Gesicht, Augen aus Stein. Und wir rächen uns auch an den Erwachsenen zu Hause für die Verachtung, die unsere Schulkameraden für uns empfinden. Diese Verachtung, so scheint uns, betrifft nicht nur unsere Person, sondern auch unsere ganze Familie, unseren sozialen Status, die Möbel und Geräte bei uns zu Hause, die Lebensart und die Gewohnheiten unserer Eltern. Ab und zu kommt es zu Hause noch zu Wutausbrüchen wie früher, jetzt unter Umständen von uns ausgelöst, von unserem steinernen Gesicht: Eine Flut heftiger Worte erfaßt uns, die Türen schlagen, aber wir zucken nicht mit der Wimper: Jetzt schlagen die Türen für uns, gegen uns, die wir regungslos am Tisch sitzenbleiben, mit einem hochmütigen Lächeln: Später, allein in unserem Zimmer, wird sich unser hochmütiges Lächeln auf einmal verflüchtigen und wir werden zu weinen beginnen, begleitet von Phantasien über unsere Einsamkeit und über das Unverständnis der anderen für uns; und wir werden eine seltsame Lust dabei empfinden, heiße Tränen zu vergießen und unser Schluchzen im Kissen zu ersticken. Dann kommt unsere Mutter hinzu, ist gerührt beim Anblick unserer Tränen, erbietet sich, mit uns Eis essen oder ins Kino zu gehen; mit geröteten, geschwollenen Augen, aber erneut versteinertem, undurchdringlichem Gesicht, sitzen wir neben unserer Mutter am Tischchen in einem Café und löffeln das Eis in winzigen Häppchen: Und überall rund um uns bewegt sich eine Menschenmenge, die uns leicht und heiter erscheint, während wir das Finsterste, Plumpeste und Hassenswerteste sind, was es auf Erden gibt.

Wer sind die anderen und wer sind wir? fragen wir uns. Wir bleiben manchmal den ganzen Nachmittag allein in unserem Zimmer, um nachzudenken: Mit einem unbestimmten Schwindelgefühl fragen wir uns, ob die anderen wirklich existieren oder ob wir sie erfinden. Wir sagen uns, daß in unserer Abwesenheit vielleicht alle anderen zu existieren aufhören, in einem Atemzug verschwinden: Und wie durch ein Wunder auferstehen, plötzlich der Erde entsprungen, sowie wir wieder hinsehen. Wird es uns nicht passieren können, vielleicht, daß wir eines Tages, wenn wir uns unvermutet umdrehen, nichts vorfinden, niemanden, den Kopf über die Leere recken werden? Dann gibt es ja keinen Grund, sagen wir uns, so traurig zu sein über die Verachtung der anderen: Der anderen, die es vielleicht gar nicht gibt, die also gar nichts denken, weder über uns noch über sich. Während wir in solche schwindelerregenden Gedanken vertieft sind, kommt unsere Mutter und schlägt uns vor, ein Eis essen zu gehen: Und wir fühlen uns dann unerklärlich glücklich, maßlos glücklich über das Eis, das wir gleich essen werden: Und woher, fragen wir uns, kommt bloß eine solche Glückseligkeit in uns bei der Aussicht auf ein Eis, in uns, die wir so erwachsen sind in unseren schwindelerregenden Gedanken, so sonderbar verloren in einer Welt von Schatten? Wir nehmen den Vorschlag unserer Mutter an, hüten uns aber davor, ihr zu zeigen, welch großes Vergnügen es uns bereitet: Mit versiegelten Lippen laufen wir neben ihr her zum Café.

Während wir uns dauernd sagen, daß es die anderen vielleicht gar nicht gibt, daß wir es sind, die sie erfinden, leiden wir unerklärlicherweise unter der Verachtung, die uns unsere Schulkameraden entgegenbringen wegen der Schwerfälligkeit und Plumpheit unserer Person, denn unserem eigenen Urteil nach ist sie ja so verachtenswert, daß man sich schämen muß: Wenn die anderen mit uns sprechen, würden wir uns das Gesicht am liebsten mit den Händen bedecken, so häßlich und unförmig erscheint es uns: Gleichwohl phantasieren wir unentwegt, daß sich jemand in uns verliebt, uns sieht, während wir mit unserer Mutter im Café ein Eis essen, uns heimlich bis nach Hause folgt und uns einen Liebesbrief schreibt: Wir warten auf diesen Brief, jeden Tag sind wir erstaunt, daß wir ihn noch nicht bekommen haben; wir können Sätze daraus auswendig, so oft haben wir sie innerlich vor uns hingemurmelt; wenn dann dieser Brief eingetroffen sein wird, werden wir wahrhaftig ein großes Geheimnis außer Haus haben, eine geheime Geschichte, die sich ganz außer Haus abspielen wird: denn einstweilen, müssen wir uns eingestehen, ist unser Geheimnis eine armselige Sache, recht wenig ist es, was sich hinter der steinernen Stirn verbirgt, die wir unseren Eltern zum abendlichen Kuß hinhalten; nach jenem Kuß stürzen wir hastig in unser Zimmer, während unsere Eltern sich argwöhnische Fragen über uns zuflüstern.

Morgens machen wir uns auf den Schulweg, nachdem wir sorgenvoll im Spiegel unser Gesicht betrachtet haben: Unser Gesicht hat die samtene Zartheit der Kindheit verloren; dann denken wir sehnsuchtsvoll an die Kindheit zurück, als wir Erdhügel bauten und unser einziger Schmerz darin bestand, daß zu Hause gestritten wurde; jetzt gibt es nicht mehr so oft Streit im Haus, unsere großen Geschwister sind ausgezogen, unsere Eltern sind älter und ruhiger geworden; aber das Zuhause ist uns nicht mehr wichtig; allein gehen wir im Nebel der Schule entgegen; als wir noch klein waren, begleitete uns unsere Mutter zur Schule und holte uns wieder ab: Jetzt sind wir allein im Nebel, schrecklich verantwortlich für alles, was wir tun.

Liebe deinen Nächsten wie dich selbst, hat Gott gesagt. Das erscheint uns absurd: Gott hat etwas Absurdes gesagt, hat den Menschen etwas auferlegt, was undurchführbar ist. Wie sollen wir unseren Nächsten lieben, der uns verachtet und sich nicht lieben läßt? Und wie sollen wir uns selbst lieben, verachtenswert und schwerfällig und finster, wie wir sind? Wie sollen wir unseren Nächsten lieben, den es vielleicht gar nicht gibt, der nur eine Art Schatten ist, während Gott uns gemacht hat, uns allein, und uns hier auf eine Erde gesetzt hat, die ein Schatten ist, auf der wir uns allein von unseren schwindelerregenden Gedanken ernähren? Als Kinder haben wir an Gott geglaubt, doch jetzt sagen wir uns, daß es ihn vielleicht gar nicht gibt: Oder es gibt ihn und wir sind ihm egal, da er uns in diese grausame Lage gebracht hat: Und dann ist es, als gäbe es ihn nicht für uns. Dennoch verzichten wir bei Tisch auf ein Gericht, das wir mögen, und verbringen die Nacht auf dem Bettvorleger in unserem Zimmer, um Buße zu tun und uns für unsere häßlichen Gedanken zu bestrafen und um Gott liebenswert zu sein.

Gott gibt es doch nicht, denken wir nach einer ganzen, auf dem Boden verbrachten Nacht mit schmerzenden Gliedern und langen Schauern der Kälte und der Müdigkeit. Es gibt Gott nicht, denn er hätte diese absurde, monströse Welt nicht erfinden können, diese komplizierte Maschinerie, wo ein menschliches Wesen morgens allein im Nebel zwischen hohen Häusern dahingeht, in denen der Nächste wohnt, der Nächste, der uns nicht liebt und den zu lieben unmöglich ist. Und Teil des Nächsten ist auch jene ungeheuerliche, unerklärliche Rasse, die einem anderen Geschlecht angehört als wir, begabt mit der schrecklichen Fähigkeit, uns alles Gute und alles Böse anzutun, begabt mit einer ihr eigenen, schrecklichen geheimen Macht über uns. Werden wir dieser anderen Rasse je gefallen können, wir, die wir von den eigenen Geschlechtsgenossen so verachtet, für so langweilig und nichts wert, für so unfähig und plump in jeder Sache gehalten werden?

Eines Tages passiert es dann, daß derjenige, der von allen Schulkameraden am meisten bewundert und geschätzt wird, der Klassenbeste, plötzlich mit uns Freundschaft schließt. Wie es geschehen ist, wissen wir nicht: Er hat auf einmal seinen blauäugigen Blick auf uns geworfen, hat uns eines Tages bis nach Hause begleitet und hat angefangen, uns zu schätzen. Nachmittags kommt er zum Hausaufgabenmachen zu uns: Wir halten das kostbare Heft des Klassenbesten in der Hand, geschrieben in seiner schönen, gestochenen Schrift, mit blauer Tinte: Wir können seine Hausaufgaben abschreiben, die völlig fehlerfrei sind. Wie ist uns ein solches Glück zuteil geworden? Wie haben wir ihn erobert, diesen Kameraden, der zu allen so hochnäsig ist, dem man sich so schwer nähern kann? Jetzt geht er zwischen den vier Wänden unseres Zimmers umher, schüttelt neben uns seine rotblonde Mähne, wendet den bekannten Gegenständen unseres Zimmers sein scharfes, mit rosigen Sommersprossen gesprenkeltes Profil zu: Uns kommt es so vor, als sei ein seltenes Tier aus den Tropen, wie durch ein Wunder gezähmt, in unser Haus gekommen. Es bewegt sich durch unser Zimmer, fragt uns nach der Herkunft der Gegenstände, will einige Bücher ausleihen Es ißt mit uns, spuckt mit uns die Pflaumenkerne von der Terrasse hinunter. Wir, die wir von allen verachtet wurden, wir sind vom unerreichbarsten, vom unverhofftesten Kameraden erwählt worden. Damit er sich in unserer Gesellschaft nicht langweilt und uns nicht für immer verläßt, reden wir krampfhaft auf ihn ein: Wir bringen alle schmutzigen Wörter an, die wir kennen, alles, was wir über Kino und Sport wissen. Wieder allein, wiederholen wir unersättlich die Silben seines schönen, wohlklingenden Namens; und wir bereiten uns auf tausend Dinge vor, die wir ihm morgen sagen wollen: Wahnsinnig vor Freude, stellen wir uns vor, er sei uns in allem ähnlich: Am nächsten Tag versuchen wir, mit ihm die Dinge zu besprechen, die wir uns gedacht hatten, wir erzählen ihm alles von uns, sogar unseren schwindelerregenden Verdacht, daß es die Menschen und die Dinge eigentlich gar nicht gibt: Er sieht uns fassungslos an, kichert, zieht uns ein wenig auf. Da wird uns klar, daß wir uns geirrt haben, daß man darüber mit ihm nicht sprechen kann: Wir weichen aus auf schmutzige Wörter und Sport.

Indessen hat sich unsere Situation in der Schule schlagartig verändert: Alle fangen an, uns zu schätzen, da sie uns vom geschätztesten aller Kameraden hochgeschätzt sehen; jetzt werden die komischen Strophen, die wir geschrieben haben und rezitieren, mit Beifall und großem Jubel empfangen; vorher gelang es unserer Stimme kaum, sich in dem Geschrei Gehör zu verschaffen, jetzt schweigt man und lauscht, wenn wir sprechen; jetzt stellt man uns Fragen, geht mit uns Arm in Arm, hilft uns bei den Dingen, in denen wir weniger geschickt sind, beim Sport und bei den Hausaufgaben, die wir nicht können. Die Welt scheint uns keine ungeheuerliche Maschine mehr zu sein, sondern ein einfaches, blühendes, von Freunden bevölkertes Inselchen: Für eine so glückliche Wendung unseres Geschickes danken wir Gott nicht, denn wir denken jetzt nicht an Gott: Es erscheint uns unmöglich, an etwas anderes zu denken als an die Gesichter unserer fröhlichen Kameraden um uns herum, das leichte und heitere Fließen der Vormittage, die witzigen Sätze, die wir gesagt haben und die die anderen zum Lachen gebracht haben; und unser eigenes Gesicht im Spiegel ist nicht mehr etwas Finsteres und Formloses, es ist das Gesicht, das unsere Klassenkameraden morgens lustig grüßen. So von der Freundschaft unserer eigenen Geschlechtsgenossen gestützt, betrachten wir die andere Rasse, die Menschen eines vom unsrigen verschiedenen Geschlechts mit weniger Grauen: Fast scheint es uns, als könnten wir leicht ohne diese andere Rasse auskommen, auch ohne ihre Anerkennung glücklich sein: Wir wünschen uns beinahe, unser ganzes Leben unter diesen Schulkameraden zu verbringen und sie mit witzigen Sätzen zum Lachen zu bringen.

Dann entdecken wir nach und nach unter all den Kameraden einen, der besonders gern mit uns zusammen ist und dem wir, wie wir merken, unendlich viele Dinge zu sagen haben. Er ist nicht der Klassenbeste, er wird von den anderen nicht besonders geschätzt, er trägt keine auffälligen Kleider: Seine Kleider sind jedoch aus einem feinen, warmen Stoff, gleichen denen, die unsere Mutter für uns auswählt: Und als wir zusammen nach Hause gehen, bemerken wir, daß seine Schuhe genauso sind wie unsere, robust und einfach, nicht auffällig und leicht wie die der anderen Kameraden: Wir machen ihn lachend darauf aufmerksam. Wir entdecken nach und nach, daß bei ihm zu Hause die gleichen Gewohnheiten herrschen wie bei uns: Und daß er häufig badet, und seine Mutter ihm nicht erlaubt, in Liebesfilme zu gehen, genau wie unsere. Er ist wie wir: Er hat den gleichen sozialen Status. Die Gesellschaft des Klassenbesten, der uns weiterhin nachmittags besuchen kommt, haben wir nun schon gründlich satt: Wir haben es satt, ständig die gleichen schmutzigen Wörter zu wiederholen und schleudern dem Klassenbesten verächtlich die Dinge ins Gesicht, die uns interessieren, unsere Zweifel an der Existenz: So verächtlich, zerstreut und überheblich, daß der Klassenbeste uns nicht recht versteht, aber verschüchtert lächelt: Wir sehen auf den Lippen des Klassenbesten ein schüchternes, feiges Lächeln: Er hat Angst, uns zu verlieren. Nicht mehr von seinem blauen Blick bezaubert, haben wir nun neben dem Klassenbesten Lust auf die runden, haselnußbraunen Augen des anderen Klassenkameraden: Und der Klassenbeste bemerkt es und leidet darunter, und wir sind stolz darauf, daß er unseretwegen leidet: Wir sind also auch dazu fähig, jemanden leiden zu lassen.

Gemeinsam mit unserem neuen Freund mit den runden Augen verachten wir den Klassenbesten und die anderen Kameraden, die so laut und ordinär sind, mit all den schmutzigen Wörtern, die sie immer wiederholen: Wir wollen jetzt sehr vornehm sein, mit unserem neuen Freund beurteilen wir die Leute und die Dinge vom Standpunkt der Vornehmheit und der Vulgarität. Wir entdecken, daß es vornehm ist, so lange wie möglich Kinder zu bleiben: Zur großen Erleichterung unserer Mutter lassen wir von allem ab, was wir an Grellem und Auffälligem in unsere Kleidung eingeschmuggelt hatten: In der Kleidung wie auch im Benehmen und in den Gewohnheiten suchen wir eine kindliche Einfachheit. Wir verbringen außergewöhnliche Nachmittage mit dem neuen Freund; nie bekommen wir genug davon, zu sprechen und zuzuhören. Verwundert denken wir zurück an unsere kurze Freundschaft mit dem Klassenbesten, mit dem wir nun jeden Umgang eingestellt haben: Das Zusammensein mit dem Klassenbesten war so mühsam, daß wir zum Schluß fühlten, wie unsere Gesichtsmuskeln vor Anstrengung falsch zu lachen erstarrten und unsere Augenlider brannten, unsere Haut juckte: Es war mühsam, Bosheit vorzutäuschen, Vertraulichkeiten zu schlucken, ständig unter unseren Worten die wenigen auszuwählen, die dem Klassenbesten zugemutet werden konnten; mit dem neuen Freund zusammenzusein ist eine Wohltat, es gibt nichts vorzutäuschen und nichts zu schlukken, wir lassen unsere Worte frei strömen. Wir vertrauen ihm auch unsere schwindelerregenden Vermutungen über die Existenz an: Und da erzählt er uns verblüfft, daß er denselben Verdacht hegt; »gibt es dich denn?« fragen wir, und er schwört, daß es ihn gibt; und wir sind unendlich froh.

Wir bedauern mit unserem Freund, daß wir demselben Geschlecht angehören, denn wären wir verschiedenen Geschlechts, hätten wir geheiratet, um immer, immer zusammenbleiben zu können. Wir hätten weder Angst voreinander gehabt, noch Scheu, noch Grauen: So dagegen bleibt ein Schatten auf unserem Leben, das sonst jetzt glücklich sein könnte: Nämlich, nicht zu wissen, ob eine Person des anderen Geschlechts uns eines Tages wird lieben können. Die Personen des anderen Geschlechts gehen neben uns her, streifen uns auf der Straße, machen sich vielleicht Gedanken über uns oder Pläne, die wir nie erfahren werden; sie haben unser Schicksal in der Hand, unser Glück. Vielleicht ist die Person darunter, die zu uns paßt, die uns lieben könnte und die wir lieben könnten: Die richtige Person für uns; aber wo ist sie? Wie sollen wir sie erkennen, wie uns zu erkennen geben in der Menge der Stadt? In welchem Haus der Stadt, an welchem Ort der Erde lebt die Person, die für uns die richtige ist, uns in allem ähnlich, bereit, auf alle unsere Fragen zu antworten, bereit, uns endlos zuzuhören, ohne sich zu langweilen, über unsere Fehler zu lächeln, ein Leben lang mit unserem Gesicht zusammenzuwohnen? Welche Worte werden wir sprechen müssen, damit sie uns unter Tausenden erkennt? Wie werden wir uns kleiden müssen, wohin werden wir gehen müssen, um ihr zu begegnen?

Von solchen Gedanken gepeinigt, leiden wir unter unermeßlicher Schüchternheit in Gegenwart der Personen, die einem anderen Geschlecht angehören als wir, vor Angst, daß eine davon für uns die Richtige ist und wir sie mit einem Wort verlieren können. Wir denken lange über alle Wörter nach, bevor wir sie aussprechen, und dann sagen wir sie rasch mit erstickter Stimme; die Angst macht unseren Blick finster und unsere Gesten klein und abgehackt; wir sind uns darüber klar, doch wir sagen uns, daß die Person, die wie für uns gemacht ist, uns auch an jenen abgehackten Gesten und jener erstickten Stimme wird erkennen müssen; gibt sie kein Zeichen, uns bemerkt zu haben, dann deshalb, weil es nicht die richtige Person ist; die richtige Person wird uns unter Tausenden erkennen und auswählen. Wir warten auf die richtige Person; jeden Tag sagen wir uns morgens beim Aufstehen, daß die Begegnung genau an jenem Tag stattfinden kann; wir kleiden und kämmen uns mit unendlicher Sorgfalt, überwinden die Lust, in einem alten Regenmantel und mit ausgetretenen Schuhen fortzugehen: Die richtige Person kann an der Straßenecke stehen. Tausend und abertausend Mal glauben wir, uns in Gegenwart der für uns gemachten Person zu befinden: Unser Herz klopft stürmisch beim Klang eines Namens, bei der Krümmung einer Nase oder eines Lächelns, nur weil wir innerlich auf einmal beschlossen haben, daß dies die Nase und der Name und das Lächeln der für uns gemachten Person ist: Ein Auto mit gelben Reifen, eine alte

Dame lassen uns heftig erröten, weil wir glauben, es handle sich um das Auto und die Mutter der Person, die für uns die richtige ist: Das Auto, in dem wir unsere Hochzeitsreise machen werden, die Mutter, die uns ihren Segen geben soll. Plötzlich bemerken wir, daß wir uns geirrt haben, es war nicht die richtige Person für uns, wir sind ihr absolut gleichgültig und leiden nicht darunter, weil wir keine Zeit zu leiden haben: Das Auto mit den gelben Reifen, der Name und das Lächeln verblassen schlagartig und versinken zwischen den tausend nutzlosen Dingen, die unser Leben umgeben. Doch wir haben keine Zeit zu leiden: Wir stehen vor der Abreise in die Sommerfrische und sind absolut sicher, daß wir in diesen Ferien der richtigen Person begegnen werden; wir trennen uns beinahe schmerzlos von unserem Freund mit den runden Augen, sicher wie wir sind, daß der Zug uns zur richtigen Person bringen wird; und der Freund seinerseits ist sich dessen für sich selbst genauso sicher: Wer weiß, warum wir auf einmal so sicher sind, daß man der richtigen Person in den Sommerferien begegnet. Die langen Sommermonate verstreichen ereignislos und in Einsamkeit; wir schreiben unserem Freund endlose Briefe; um uns über die ausgebliebene Begegnung hinwegzutrösten, sammeln wir sorgfältig positive

Urteile, die alte Bekannte der Familie oder alte Verwandte über uns abgegeben haben, und teilen sie dem Freund mit; er schreibt ähnliche Briefe, mit positiven Urteilen über seine Intelligenz oder seine Schönheit, die alte Verwandte von ihm abgegeben haben. Im Herbst müssen wir uns eingestehen, daß nichts Außergewöhnliches passiert ist: Aber wir sind nicht enttäuscht. Es ist Herbst, munter und vergnügt trifft man den Freund und die anderen Kameraden wieder; zufrieden stürzen wir uns in den Herbst, die richtige Person erwartet uns vielleicht schon an der Ecke der Allee.

Dann lösen wir uns nach und nach von unserem Freund. Wir finden ihn recht langweilig, »bürgerlich«: Immer hat er die fixe Idee der Vornehmheit, der Feinheit. Wir wollen jetzt arm sein: Wir interessieren uns für eine Gruppe armer Schulkameraden, voller Stolz begeben wir uns jeden Tag in ihre ungeheizte Wohnung. Wir tragen jetzt unseren Regenmantel, voller Stolz: Damit, der richtigen Person zu begegnen, rechnen wir immer noch, aber sie muß unseren alten Regenmantel lieben, sie muß unsere ausgetretenen Schuhe lieben, unsere billigen Zigaretten, unsere geröteten bloßen Hände. In unserem alten Regenmantel gehen wir gegen Abend allein an den Häusern der Peripherie entlang: Wir haben die Peripherie entdeckt, die Schilder der kleinen Schenken am Flußufer, versunken bleiben wir vor kleinen Läden stehen, wo lange rosa Nachthemden, Arbeitsanzüge und milchkaffeebraune Unterhosen hängen; ein Schaufenster, in dem alte Ansichtskarten und alte Haarnadeln liegen, entzückt uns: Uns gefällt alles, was alt, verstaubt und arm ist: Auf der Jagd nach armen, verstaubten Dingen streifen wir durch die Stadt. Indessen regnet es in Strömen auf unseren alten Regenmantel, der wasserdurchlässig ist, und auf unseren bloßen Kopf; wir haben keinen Schirm dabei, wir würden uns eher umbringen lassen als mit einem Schirm herumzulaufen; wir haben weder Schirm, noch Hut, noch Handschuhe, noch Geld, um mit der Straßenbahn zu fahren: Alles, was wir in der Tasche haben, ist ein schmutziges Taschentuch, zerdrückte Zigaretten und eine Schachtel Streichhölzer.

Plötzlich haben wir uns gesagt, daß die Armen unser Nächster sind, die Armen sind jener Nächste, den man lieben soll. Wir achten, ob Arme an uns vorbeikommen: Wir lauern auf die Gelegenheit, einen blinden Bettler zu begleiten, der die Straße überqueren muß, einer alten Frau, die in einer Pfütze ausgerutscht ist, unseren Arm anzubieten; schüchtern streicheln wir mit

Fingerspitzen die schmutzigen Haare der Kinder, die in den Gäßchen spielen; klatschnaß vom Regen, frierend und triumphierend kehren wir nach Hause zurück. Wir sind nicht arm, wir verbringen die Nacht nicht auf einer Parkbank, wir essen keine dunkle Suppe aus einem Blechnapf; wir sind nicht arm, aber nur aus Zufall: Morgen werden wir unter den Ärmsten sein.

Der Freund, mit dem wir keinen Umgang mehr pflegen, leidet indessen unseretwegen: So wie der Klassenbeste gelitten hatte, als wir den Umgang mit ihm einstellten. Wir wissen es, haben aber keine Gewissensbisse: Im Gegenteil, es bereitet uns sogar eine Art dumpfes Vergnügen, denn wenn jemand unseretwegen leidet, ist es ein Zeichen dafür, daß wir die Macht in unseren Händen halten, jemanden leiden zu lassen, wir, die wir uns so lange für schwach und unbedeutend gehalten hatten. Es überkommt uns nicht der Zweifel, daß wir vielleicht zynisch und böse sind, weil uns nicht der Zweifel überkommt, daß auch jener Freund von uns der Nächste sei: Ebensowenig, wie wir denken, daß unsere Eltern der Nächste seien: Der Nächste, das sind die Armen. Unsere Eltern sehen wir streng an, während sie am hell erleuchteten Tisch gute Speisen essen; wir essen diese guten Sachen auch, aber wir denken, es sei ein Zufall und werde nicht mehr lange dauern: Sehr bald werden wir nur noch etwas dunkles Brot und einen Blechnapf haben.

Eines Tages begegnen wir der richtigen Person. Wir bleiben gleichgültig, weil wir sie nicht erkannt haben: Wir schlendern mit der richtigen Person durch die Straßen der Peripherie, wir nehmen nach und nach die Gewohnheit an, jeden Tag zusammen spazierenzugehen. Ab und zu fragen wir uns zerstreut, ob wir etwa mit der richtigen Person spazierengehen: Aber wir glauben es eher nicht. Wir sind zu gelassen; die Erde, der Himmel haben sich nicht gewandelt; die Minuten und Stunden fließen ruhig dahin, ohne tiefe Glockenschläge in unserem Herzen. Wir haben uns schon so oft geirrt: Wir haben uns in Gegenwart jener falschen richtigen Person geglaubt, und es war nicht so. Und in Gegenwart jener falschen richtigen Personen wurden wir von einem derart stürmischen Aufruhr überwältigt, daß uns kaum noch Kraft zu denken blieb: Wir lebten, als befänden wir uns im Zentrum eines brennenden Dorfes: Bäume, Häuser und Gegenstände gingen um uns in Flammen auf. Und dann erlosch das Feuer plötzlich, es blieb nichts als ein wenig laue Glut: Hinter uns liegen so viele verbrannte Dörfer, daß wir sie gar nicht mehr zählen können. Jetzt brennt es nicht um uns herum. Wochen- und monatelang verbringen wir die Tage mit der richtigen Person, ohne es zu wissen: Nur manchmal, wenn wir wieder allein sind und an diese Person zurückdenken, an die geschwungene Linie ihrer Lippen, an bestimmte Gesten oder einen bestimmten Tonfall von ihr, dann zuckt unser Herz ein klein wenig zusammen: Doch so ein kleines, dumpfes Zucken beachten wir gar nicht. Das Seltsame ist, daß wir uns mit dieser Person immer so wohl und in Frieden fühlen, unser Atem weit wird, unsere Stirn, die viele Jahre lang gerunzelt und umwölkt war, sich plötzlich glättet; und wir werden nie müde zu sprechen und zuzuhören. Wir werden uns bewußt, daß wir mit keinem menschlichen Wesen je zuvor eine solche Beziehung hatten; alle Menschen erschienen uns nach einer Weile so harmlos, so einfach und klein; diese Person besitzt, während sie mit ihrem strengen Profil neben uns hergeht und ihr Schritt ganz anders ist als unserer, eine grenzenlose Fähigkeit, uns alles Gute und alles Böse anzutun. Und doch sind wir unendlich ruhig.

Wir verlassen unser Zuhause und ziehen für immer mit dieser Person zusammen: Nicht weil wir nun überzeugt sind, daß es die richtige Person sei: Im Gegenteil, davon sind wir überhaupt nicht überzeugt, und wir hegen immer noch den Verdacht, daß die Person, die wirklich die richtige für uns ist, sich wer weiß wo in der Stadt verbirgt. Aber wir haben keine Lust zu wissen, wo sie sich versteckt hält: Wir fühlen, daß wir ihr nur noch recht wenig zu sagen hätten, weil wir alles dieser vielleicht nicht richtigen Person sagen, mit der wir jetzt leben: Und das Gute und das Böse in unserem Leben wollen wir von dieser Person erhalten und mit ihr. Ab und zu brechen zwischen uns und dieser Person heftige Meinungsverschiedenheiten aus: Und doch gelingt es ihnen nicht, jenen grenzenlosen Frieden zu brechen, der in uns ist. Nach vielen Jahren, erst nach vielen Jahren, nachdem sich zwischen uns ein dichtes Netz von Gewohnheiten, von Erinnerungen und heftigen Meinungsverschiedenheiten geknüpft hat, werden wir schließlich wissen, daß es wirklich die richtige Person für uns war, daß wir keine andere ertragen hätten, daß wir nur von ihr alles verlangen können, was unser Herz braucht.

Jetzt, in der neuen Wohnung, in der wir leben und die unsere ist, wollen wir nicht mehr arm sein, wir haben sogar ein wenig Angst vor der Armut: Wir empfinden eine seltsame Zuneigung für die Gegenstände, die uns umgeben, für einen Tisch oder einen Teppich, wir, die wir immer die Tinte über die Teppiche unserer Eltern verschütteten;

daß wir neuerlich so an einem Teppich hängen, macht uns ein wenig Sorgen, wir schämen uns ein bißchen dafür; manchmal gehen wir noch durch die Straßen der Peripherie spazieren, doch wenn wir heimkommen, putzen wir unsere kotbespritzten Schuhe sorgfältig am Fußabstreifer ab: Und wir empfinden ein neues Vergnügen daran, uns zu Hause unter die Lampe zu setzen, bei fest über der dunklen Stadt geschlossenen Fensterläden. Wir haben kaum mehr Lust auf Freunde, weil wir alle unsere Gedanken der Person erzählen, die mit uns lebt, während wir zusammen am erleuchteten Tisch die Suppe essen; den anderen etwas zu erzählen, scheint uns nicht mehr der Mühe wert zu sein.

Kinder werden uns geboren, und in uns wächst die Angst vor der Armut; oder besser gesagt, es wachsen unendlich viele Ängste vor jeder möglichen Gefahr oder Krankheit, die unsere Kinder in ihrem sterblichen Fleisch treffen können. Unser eigenes Fleisch, unseren Körper hatten wir in der Vergangenheit nie als zerbrechlich und sterblich empfunden: Wir waren bereit, uns in die unvorhergesehensten Abenteuer zu stürzen, stets bereit, zu fernsten Orten aufzubrechen, zu Leprakranken und Kannibalen: Jede Aussicht auf Kriege, Epidemien oder kosmische Katastrophen ließ uns gänzlich gleichgültig. Wir wußten nicht, daß in unserem Körper so viel Angst steckte, so viel Zerbrechlichkeit: Nie hatten wir vermutet, daß wir uns so ans Leben gebunden fühlen könnten durch ein Band der Angst und herzzerreißenden Zärtlichkeit. Wie stark und frei war unser Schritt, als wir allein endlos durch die Stadt liefen! Mitleidig schauten wir auf die Familien herab, die Väter und Mütter, die sonntags ganz langsam mit ihren Kinderwagen auf den Alleen spazierengingen: So etwas erschien uns langweilig und traurig. Jetzt sind wir selbst eine von diesen Familien, ganz langsam gehen wir, den Kinderwagen schiebend, die Alleen entlang: Und wir sind nicht traurig, vielleicht sind wir sogar glücklich, doch fällt es uns schwer, unser Glück zu erkennen, vor lauter Panik, daß wir es von einem Augenblick zum anderen für immer verlieren könnten: Das Kind in dem Kinderwagen, den wir vor uns herschieben, ist so klein, so schwach, die Liebe, die uns an es bindet, ist so schmerzlich, so voller Schrecken. Wir fürchten uns vor einem Windhauch, vor einer Wolke am Himmel: Es wird doch kein Regen kommen? Wir, die wir mit bloßem Kopf bei strömendem Regen mit den Füßen durch die Pfützen gegangen waren! Jetzt haben wir einen Schirm. Und wir hätten gern auch einen Schirmständer, zu Hause, im Flur: Die seltsamsten Wünsche überkommen uns, von denen wir nie geahnt hätten, daß wir sie haben könnten, als wir noch allein und frei durch die Stadt gingen; wir hätten gern einen Schirmständer und eine Garderobe, Bettwäsche, Handtücher, einen Backherd wie auf dem Land, einen Eisschrank. Wir suchen nicht mehr die Peripherie auf; wir gehen die Alleen entlang, zwischen Villen und Gärten; wir achten darauf, daß unseren Kindern keine zu schmutzigen und armen Leute nahekommen, aus Angst vor Läusen und Krankheiten; wir flüchten vor den Bettlern.

Wir lieben unsere Kinder auf so schmerzliche, so erschrockene Weise, daß es uns scheint, als hätten wir nie einen anderen Nächsten gehabt, als könnten wir nie wieder einen anderen haben. Wir sind noch zu wenig an die Anwesenheit der Kinder auf der Erde gewöhnt: Wir sind noch verblüfft und überwältigt von ihrem Erscheinen in unserem Leben. Wir haben keine Freunde mehr: Oder besser, an die wenigen Freunde, die wir haben, denken wir sogleich voller Haß, wenn es unserem Kind schlecht geht, es kommt uns beinahe so vor, als sei das ihre Schuld, weil uns ihre Gesellschaft von jener einzigen, herzzerreißenden Zärtlichkeit abgelenkt hat; wir fühlen keine Berufung mehr: Wir fühlten uns berufen, hatten einen lieben Beruf, und jetzt fühlen wir uns, kaum daß wir ihm unser Ohr leihen, schuldig, kehren überstürzt zu jener einzigen, herzzerreißenden Zärtlichkeit zurück; ein sonniger Tag, eine grüne Landschaft bedeutet für uns nur, daß unser Kind in der Sonne liegen oder im Grünen spielen kann; wir selbst haben jede eigene Fähigkeit zu Genuß oder Betrachtung verloren. Wir werfen einen mißtrauischen und verkrampften Blick auf die Dinge; wir sehen nach, ob es keine rostigen Nägel gibt oder Küchenschaben, Gefahren für unser Kind. Wir möchten gern in sauberen und kühlen Ländern wohnen, mit sauberen Tieren und freundlichen Bewohnern: das wilde Universum, das uns faszinierte, fasziniert uns nicht mehr.

Und wie dumm wir geworden sind, denken wir manchmal voll Gram, während wir auf den Kopf unseres Kindes schauen, das uns so vertraut ist, so vertraut, wie uns nie etwas anderes auf der Welt gewesen ist, während wir es anschauen, wie es dasitzt und mit seinen dicken Händen einen Hügel aus Erde macht. Wie dumm wir geworden sind, wie klein und trüb unsere Gedanken sind, so klein, daß sie in eine Nußschale passen würden, und doch so mühsam, so erstickend! Wo ist das wilde Universum hingekommen, das uns faszinierte, unsere Kraft und der lebendige und freie Rhythmus unserer Jugend, die kühne Entdekkung der Dinge Tag für Tag, unser entschlossener und siegesgewisser Blick, unser triumphierender Schritt? Wo ist der Nächste jetzt für uns? Wo ist Gott jetzt? Uns an Gott zu wenden fällt uns nur ein, wenn unser Kind krank ist: Dann sagen wir zu ihm, er soll uns alle Zähne, alle Haare ausfallen lassen, aber unser Kind gesund machen. Sowie das Kind genesen ist, vergessen wir Gott: Wir haben noch Zähne und Haare und nehmen unsere kleinen, trüben und mühsamen Gedanken wieder auf: rostige Nägel, Küchenschaben, frische grüne Wiesen, Mehlbreichen. Auch abergläubisch sind wir geworden: Ständig machen wir beschwörende Gesten, wir sitzen da und arbeiten und schreiben, und plötzlich springen wir auf und machen das Zeichen der Hörner, während wir dreimal das Licht an- und ausknipsen, weil wir uns auf einmal gesagt haben, nur dies könne uns vor dem Verderben retten. Wir verweigern uns dem Schmerz: Wir spüren, wie er kommt, und verstecken uns hinter den Sesseln, hinter den Vorhängen, damit er uns nicht findet.

Doch dann kommt der Schmerz für uns. Wir hatten ihn erwartet, und dennoch erkennen wir ihn nicht sofort: Wir nennen ihn nicht sofort bei seinem Namen. Betäubt und ungläubig, im Vertrauen darauf, daß alles wieder gut werden kann, steigen wir die Treppe unseres Hauses hinunter, schließen jene Tür für immer: Endlos laufen wir staubige Straßen entlang. Wir werden verfolgt und verstecken uns: Wir verstecken uns in Klöstern und Wäldern, in Kornspeichern und Gassen, in Schiffsbäuchen und in Kellern. Wir lernen, den erstbesten, der vorbeikommt, um Hilfe zu bitten: Wir wissen nicht, ob er ein Freund oder ein Feind ist, ob er uns beistehen oder uns verraten wird: Aber wir haben keine Wahl, und einen Augenblick lang vertrauen wir ihm unser Leben an. Auch lernen wir, dem erstbesten, der vorbeikommt, Hilfe zu geben. Und immer bewahren wir innerlich das Vertrauen, daß wir binnen kurzem, in einigen Stunden oder einigen Tagen, in unsere Wohnung mit den Teppichen und den Lampen zurückkehren werden; daß wir gestreichelt und getröstet werden; daß unsere Kinder in einem sauberen Kittel mit roten Pantoffeln dasitzen und spielen werden. Wir schlafen mit unseren Kindern auf Bahnhöfen, auf Kirchentreppen, in Armenhäusern: Wir sind arm, denken wir ohne jeden Stolz: Nach und nach verschwindet in uns jede Spur von kindlichem Hochmut. Wir haben wirklich Hunger und frieren wirklich. Wir empfinden keine Angst mehr: Die Angst ist in uns eingedrungen, ist eins geworden mit unserer Müdigkeit: Sie ist der verbitterte und erinnerungslose Blick, den wir auf die Dinge werfen.

Nur ab und zu steigt vom Grund unserer Müdigkeit das Bewußtsein der Dinge wieder in uns auf, so stechend, daß uns die Tränen kommen: Vielleicht sehen wir die Erde zum letzten Mal. Nie haben wir mit solcher Macht die Liebe gefühlt, die uns an den Staub der Straßen bindet, an die gellenden Schreie der Vögel, an jenen gehetzten Rhythmus des Atems in uns: Doch wir fühlen uns stärker als jener gehetzte Rhythmus, wir fühlen ihn so dumpf, so fern in uns, als wäre er nicht unserer: Nie haben wir unsere Kinder so geliebt, ihr Gewicht in unseren Armen, die Liebkosung ihrer Haare auf unseren Wangen, und doch haben wir auch um unsere Kinder keine Angst mehr: Wir sagen Gott, er möge sie beschützen, wenn er will. Wir sagen ihm, er soll tun, was er will.

Und jetzt sind wir wirklich erwachsen, denken wir eines Morgens, indem wir im Spiegel unser zerfurchtes, ausgemergeltes Gesicht betrachten: es ohne jeden Stolz, ohne jede Neugier betrachten: mit ein wenig Erbarmen. Wir besitzen wieder einen Spiegel zwischen vier Wänden: Wer weiß, vielleicht haben wir auch bald wieder einen Teppich, eine Lampe vielleicht. Doch die liebsten

Menschen haben wir verloren: Was sollen wir uns da noch aus Teppichen machen, aus roten Pantoffeln? Wir lernen, an die Orte zurückzukehren, wo wir mit ihnen gewesen waren; zu fragen, wenn wir um uns das Schweigen hören. Wir haben keine Angst mehr vor dem Tod: Jede Stunde, jede Minute schauen wir in den Tod, indem wir uns an sein großes Schweigen auf dem liebsten Gesicht erinnern.

Und jetzt sind wir wirklich erwachsen, denken wir, und wir erstaunen, daß erwachsen sein dies bedeutet und wahrhaftig nicht all das, was wir als Kinder geglaubt hatten, wahrhaftig nicht Selbstsicherheit, wahrhaftig nicht die unbeschwerte Herrschaft über alle Dinge der Welt. Wir sind erwachsen, weil wir die stumme Gegenwart der Toten hinter uns haben, die wir um ein Urteil über unser jetziges Verhalten bitten, die wir um Vergebung für vergangene Beleidigungen bitten: Viele grausame Worte möchten wir aus unserer Vergangenheit tilgen, viele grausame Gesten, die wir vollbracht haben, obwohl wir doch Angst vor dem Tod hatten, aber nicht wußten, nicht verstanden hatten, wie unabänderlich, wie endgültig der Tod war: Wir sind erwachsen durch all die stummen Antworten, durch all die stumme Vergebung der Toten, die wir in uns tragen. Wir sind erwachsen durch jenen kurzen Augenblick, den wir eines Tages erlebt haben, als wir alle Dinge der Erde angesehen haben, als wäre es das letzte Mal, und darauf verzichtet haben, über sie zu herrschen, sie wieder dem Willen Gottes anheimgestellt haben: Und plötzlich schienen uns die Dinge der Erde auf ihrem rechten Platz zu sein unter dem Himmel, und ebenso die Menschen, und wir selbst blickten schwebend vom einzigen rechten Platz aus, der uns gegeben war: Menschen, Dinge und Erinnerungen, alles schien uns an seinem rechten Platz unter dem Himmel. In jenem kurzen Augenblick haben wir ein Gleichgewicht für unser schwankendes Leben gefunden: Und uns ist, als könnten wir jenen geheimen Augenblick immer wiederfinden, dort die Worte für unseren Beruf suchen, die Worte für unseren Nächsten; den Nächsten mit stets gerechtem und freiem Blick ansehen, nicht mit dem ängstlichen oder verächtlichen Blick dessen, der sich immer fragt, in Gegenwart seines Nächsten, ob er sein Herr oder sein Knecht sein wird. Wir haben das ganze Leben lang nicht verstanden, etwas anderes als Herren oder Knechte zu sein: Doch in jenem geheimen Augenblick, in jenem Augenblick voller Ausgeglichenheit haben wir erfahren, daß es weder wahre Herrschaft noch wahre Knechtschaft auf der Erde gibt. So werden wir jetzt, indem wir zu unserem geheimen Augenblick zurückkehren, in den anderen forschen, ob sie schon einen ebensolchen Augenblick erlebt haben, oder ob sie noch weit davon entfernt sind: Das ist es, was zu wissen wichtig ist. Es ist der höchste Augenblick im Leben eines Menschen: Und es ist nötig, daß wir mit anderen zusammen sind und dabei die Augen auf den höchsten Augenblick ihres Schicksals gerichtet halten.

Mit Verwunderung bemerken wir, daß wir als Erwachsene nicht unsere alte Schüchternheit vor dem Nächsten verloren haben: Das Leben hat uns gar nicht geholfen, uns von der Schüchternheit zu befreien. Wir sind immer noch schüchtern. Nur daß es uns gleichgültig ist: Uns scheint, als hätten wir das Recht erobert, schüchtern zu sein: Wir sind schüchtern ohne Schüchternheit: Auf kühne Weise schüchtern. Schüchtern suchen wir nach den richtigen Worten in uns. Wir freuen uns sehr, sie zu finden, sie schüchtern aber fast mühelos zu finden, wir freuen uns, so viele Worte in uns zu haben, so viele Worte für den Nächsten, daß wir vor Leichtigkeit, vor Natürlichkeit wie betrunken sind. Und die Geschichte der menschlichen Beziehungen ist nie zu Ende in uns: Denn nach und nach geschieht es, daß sie fast zu leicht werden, fast zu natürlich und spontan, die menschlichen Beziehungen: So spontan, so mühelos, daß sie keinen Reichtum mehr darstellen, keine Entdeckung und keine Wahl: Sie sind nur noch Gewohnheit und Selbstgefälligkeit, Berauschung an Natürlichkeit. Wir glauben immer noch, zu unserem geheimen Augenblick zurückkehren zu können, dort immer noch die richtigen Worte schöpfen zu können: Aber es ist nicht wahr, daß wir immer zurückkehren können, oft handelt es sich um eine falsche Rückkehr: Wir lassen ein falsches Licht in unseren Augen leuchten, simulieren Fürsorge und Wärme gegenüber unserem Nächsten und sind in Wirklichkeit erneut verkrampft, zusammengekauert und vereist über dem Dunkel unseres Herzens. Die menschlichen Beziehungen müssen jeden Tag neu entdeckt und neu erfunden werden. Wir müssen uns immer daran erinnern, daß jede Art von Begegnung mit dem Nächsten eine menschliche Handlung ist und daher immer gut oder schlecht ist, Wahrheit oder Lüge, Nächstenliebe oder Sünde.

Wir sind nun so erwachsen, daß unsere heranwachsenden Kinder schon beginnen, uns mit versteinerten Augen zu betrachten: Wir leiden darunter, obwohl wir doch genau wissen, was dieser Blick bedeutet: Obwohl wir uns doch genau erinnern, einen ebensolchen Blick gehabt zu haben. Wir leiden darunter und beklagen uns darüber, wir flüstern argwöhnische Fragen, obwohl wir doch nur zu genau wissen, wie die lange Kette der menschlichen Beziehungen abläuft, die lange notwendige Parabel, der ganze lange Weg, den wir zurücklegen müssen, um so weit zu kommen, daß wir ein wenig Erbarmen haben.

LESEN SIE NOCH MEHR VON NATALIA GINZBURG

Die kleinen Tugenden

Noch mehr Tugenden, von der großen italienischen Autorin selbst zusammengestellt.

Aus dem Italienischen von Maja Pflug

SVLTO. Rotes Leinen, Fadengeheftet. 160 Seiten

Familienlexikon

Das Hauptwerk Natalia Ginzburgs ist nicht nur das komische Portrait einer denkwürdigen Familie, sondern zugleich ein großartiges Portrait Italiens.

Aus dem Italienischen von Alice Vollenweider

WAT 563. Broschur. 192 Seiten

Die Stimmen des Abends

Die Geschichte Elsas, die das Leben so, wie es vorgesehen ist, nicht führen will. Das Porträt einer Familie im Piemont der dreißiger bis fünfziger Jahre.

Aus dem Italienischen von Alice Vollenweider

Mit einem Nachwort von Italo Calvino

SVLTO. Rotes Leinen, Fadengeheftet. 144 Seiten

So ist es gewesen

Eine Frau hat ihren Mann ermordet und erzählt, wie es dazu kam, kommen musste.

Aus dem Italienischen von Maja Pflug

WAT 773. Broschur. 96 Seiten

Alle unsere Gestern

Auf dem Höhepunkt ihres literarischen Könnens gelingt es Ginzburg, ein breites Panorama der Zeit zu entfalten, und zugleich von Schicksalen zu erzählen, die sich in unser Gedächtnis einnisten.

Aus dem Italienischen von Maja Pflug
*Quart*buch. 336 Seiten

NATALIA GINZBURG, 1916 in Palermo geboren, verbrachte ihre Kindheit und Jugend in Turin. 1938 heiratete sie den Slawisten Leone Ginzburg, der 1944 in einem römischen Gefängnis von deutschen Soldaten ermordet wurde. Nach dem Krieg lebte Ginzburg in Turin, ab 1952 mit ihrem zweiten Mann, dem Anglistik-Professor Gabriele Baldini, in Rom. Beinahe Zeit ihres Lebens arbeitete sie für den Einaudi Verlag. Ab 1983 war sie unabhängige Parlamentsabgeordnete. Sie zog vier Kinder groß. 1991 starb Natalia Ginzburg in Rom. Ihr Werk umfasst Romane, Erzählungen, Theaterstücke und Essays.

NOCH MEHR DaCapo

Sizilianische Geschichten

Sizilien: Inbegriff des Südens – und eine Insel voller Literatur. Geschichten werden dort sein Generationen weitregegeben. Die großen sizilianischen Schriftsteller haben genau zugehört und erzählen uns ihre Version.

Wunder Italiens

Die Landschaften und die Kunst, Lebensart und Küche, Mode und Design: Italien ist ein Land voller Wunder! – finden entzückt die Nordländer.

Weihnachten *Geschichten aus Italien*

Da macht Weihnachten gute Laune: Geschichten von Natalia Ginzburg, Luigi Malerba, Andrea Camilleri, Leonardo Sciascia und vielen anderen.

Amore! *Liebesgeschichten*

Geschichten von der Liebe – voller Überraschungen und unerwarteter Wendungen, erzählt von großen italienischen Autorinnen und Autoren.

Die Texte stammen aus dem Band *Die kleinen Tugenden (Le piccole virtù)*, der auf deutsch erstmals 2001 als Quartbuch erschien. Die italienische Originalausgabe wurde 1962 bei Giulio Einaudi Edition in Turin veröffentlicht.

MIX
Papier | Fördert gute Waldnutzung
FSC® C014889
FSC www.fsc.org

2. Auflage

Emser Straße 40/41, 10719 Berlin

www.wagenbach.de mail@wagenbach.de

Umschlaggestaltung Julie August. Gesetzt aus der Futura Vorsatz- und Überzugsmaterial von peyer graphic, Leonberg. Gedruckt auf Schleipen bei Pustet, Regensburg. Printed in Germany.

ISBN 978 3 8031 3311 3

9 783803 133113